Cadres de l'État, comportez-vous en manager du service public !

Jean Pierre MOTTE

Épilogue d'une croisade managériale solitaire contre les politiques de surendettement public et régression économique (1 à 7)

L'ancien responsable d'université d'entreprise a adressé le manifeste politique de 68 pages « Cadres, engagez le fer contre les politiques de surendettement public ! » (7) aux présidents de la République, du Sénat, de l'Assemblée Nationale ainsi qu'aux représentants des partenaires sociaux, de la fondation IFRAP et de la presse nationale. Seul le président du Sénat a accusé réception du manifeste.

Dans une république surendettée par deux représentations nationales successives refusant de respecter les engagements financiers de la France, le Haut Conseil des Finances Publiques (HCFP) a été créé le 17 décembre 2012 pour veiller à la cohérence de la trajectoire de retour à l'équilibre des finances publiques avec les accords de Maastricht. Deux présidents du HCFP, cinq hauts fonctionnaires représentants du secteur public et cinq membres qualifiés représentants de la société civile ont jusqu'ici fermé les yeux sur le financement des dépenses de fonctionnement de la fonction publique par l'endettement public.

Le manifeste a été adressé au président et aux membres qualifiés du HCFP pour susciter une évaluation objective de la contribution managériale au grand débat national préconisant une réduction de la masse salariale illégale de l'État afin de réduire l'endettement public et rétablir la compétitivité nationale. Le président a accusé réception du manifeste (8) et commandé à l'éditeur BoD dix livrets destinés aux membres du conseil devant rendre en septembre 2021 le dernier avis annuel avant l'élection présidentielle 2022. Les membres qualifiés doivent représenter l'opinion des managers responsables du progrès continu dans le secteur marchand et convaincre une majorité du HCFP de l'intérêt national d'un programme de redressement des comptes publics et rétablissement de la compétitivité des entreprises qui devra être imposé à la représentation nationale 2022/2027 et intégré dans le programme de gouvernement de la future majorité parlementaire.

L'auteur a précisé en deux courriers le devoir économique national des membres qualifiés et leur responsabilité managériale collective à défendre la compétitivité des entreprises du secteur marchand et le financement du modèle social.

Il a précisé le devoir économique des représentants syndicaux des cadres à informer les membres qualifiés du HCFP avant septembre 2021 sur le financement du modèle social fragilisé par le cout exorbitant pour la collectivité du « modèle économique et social » de moins en moins républicain des parlementaires, des cadres rémunérés par l'État, des fonctionnaires et des agents de collectivité territoriale.

Il a précisé le devoir économique des rédacteurs de la presse nationale à informer démocratiquement et objectivement les citoyens avant l'élection présidentielle 2022 par un sondage d'opinion donnant l'avis de cinq millions de cadres sur la masse salariale de l'État à réduire pour financer la réduction des impôts de production et rétablir la compétitivité de l'Entreprise France dans la concurrence internationale.

Les 60 pages de « Cadres de l'État, comportez-vous en manager du service public ! » ont été extraites du manifeste politique. Le plaidoyer managérial décrit le refus constant des hauts fonctionnaires de gérer les fonds publics dans l'intérêt national et le devoir économique des cadres de l'État de réduire l'endettement public continu avec les pratiques anglo-saxonnes de management de la création de valeur. Dans un État surendetté par quatre représentations nationales politiciennes refusant de respecter les engagements financiers de la France et une génération incompétente de hauts fonctionnaires refusant d'améliorer la performance économique collective d'un million de cadres en déshérence managériale depuis le passage à l'euro et de 4,6 millions d'agents consciencieux au service de l'État, les membres qualifiés du Haut Conseil des Finances Publiques devront soutenir l'avis majoritaire des cadres du secteur marchand sur la masse salariale de l'État à réduire pour rétablir la compétitivité des entreprises dans la concurrence internationale.

L'avis 2021 du Haut Conseil des Finances Publiques doit :

1/ Rappeler aux cadres de l'État et aux candidats à un mandat présidentiel ou parlementaire 2022/2027 le devoir national de correction des fautes quinquennales de gestion des fonds publics pour réduire l'endettement public et rétablir la contribution économique de la fonction publique à la compétitivité nationale dégradée chaque année un peu plus pendant vingt ans.

2/ Conseiller au Chef de l'État de diffuser le livret « Cadres, engagez le fer contre les politiques de surendettement public ! » aux 3000 parlementaires et hauts fonctionnaires avec mission d'évaluer la masse salariale de l'État destructrice de valeur pour la nation et de fixer les objectifs publics de progrès 2022/2027 pour rétablir la compétitivité nationale et réduire l'endettement public.

3/ Conseiller au DRH de l'État de diffuser l'E-book « Cadres de l'État, comportez-vous en manager du service public ! » aux 930000 cadres avec mission d'apprendre à exploiter les gisements de progrès des services publics pour soutenir le développement des entreprises du secteur marchand, d'abord les PME et TPE oubliées par les services de l'État et concurrencées déloyalement par les services techniques ou logistiques peu productifs des collectivités territoriales, puis les entreprises de taille intermédiaire et les grandes entreprises afin de relancer une économie marchande en régression permanente depuis le passage à l'euro.

Le retraité du CNRS et du groupe sidérurgique Arcelor veut croire que le président et les membres du HCFP engageront le fer républicain contre les politiques de surendettement public en demandant aux présidents, ministres, parlementaires et hauts fonctionnaires de réduire la masse salariale de l'État financée par l'endettement public et aux chefs de service public de développer les compétences requises pour exploiter les gisements nationaux de progrès économique de la fonction publique. Ils demanderont aux représentants des pouvoirs publics et des partenaires sociaux d'aligner les devoirs économiques et droits sociaux des fonctionnaires sur ceux des salariés pour rétablir la compétitivité nationale, financer équitablement un modèle social de plus en plus couteux pour la collectivité et réduire le risque de faillite publique.

5

Conseils aux cadres pour mobiliser les fonctionnaires sur la contribution publique à la compétitivité nationale afin de sortir de la récession et financer le modèle social

Chapitre I

Évaluation managériale des méfaits économiques des politiques nationales de surendettement public

Critique des politiques quinquennales de déficit budgétaire financé par l'endettement public

Dépenses publiques et sociales improductives de valeur pour la nation

8

Critique des politiques quinquennales
de déficit budgétaire financé par l'endettement public

Ancien ingénieur dans un groupe industriel international, l'auteur dénonce depuis 2013 l'incompétence de professeurs à l'ENA ayant enseigné à de futures « élites publiques » comment gérer les affaires nationales avec des pratiques de déficit budgétaire à hauteur de l'inflation financées par l'endettement public sans les alerter sur la perte continue de compétitivité après le passage à l'euro (1 à 7).

Jacques CHIRAC est l'initiateur des politiques quinquennales de surendettement public et régression économique. Au passage du septennat au quinquennat, il a adhéré à l'euro et renoncé aux possibilités annuelles de dévaluation compétitive tout en maintenant des déficits budgétaires à hauteur de l'inflation sans demander au gouverneur de la Banque de France de fixer chaque année l'excédent à programmer pour corriger la perte de compétitivité nationale résultant d'un précédent déficit. Quatre présidents d'une république de plus en plus endettée, leurs ministres de l'économie et des finances et quatre représentations nationales successives auront abusé des mêmes pratiques de cavalerie financière sans alerter les cadres de l'État et les partenaires sociaux sur la perte continue de compétitivité nationale ni rendre compte aux fonctionnaires, aux salariés et aux citoyens des méfaits économiques et sociaux du surendettement public croissant.

Depuis 2002, la croissance continue des sureffectifs publics a dégradé la performance économique nationale en augmentant la masse salariale de l'état destructrice de valeur pour la collectivité. Les prélèvements obligatoires maintenus à hauteur de 44% du PIB ont augmenté le cout du travail et la compétitivité des entreprises a été réduite par 75 milliards d'impôts de production ayant bridé la croissance annuelle de l'économie marchande et entretenu un chômage de masse dans le secteur marchand. Les déficits budgétaires à hauteur de l'inflation ont financé les dépenses de fonctionnement de la fonction publique et les marchés de travaux publics passés à des ETI et des grandes entreprises sans profiter aux PME et TPE.

Dans le cadre d'une décentralisation « des compétences publiques », la croissance continue des effectifs territoriaux employés dans des activités parapubliques de services techniques ou logistiques s'est faite au détriment des marchés de travaux qui auraient dû être passés à moindre cout pour la nation à des entreprises locales plus performantes que les services techniques de collectivité territoriale ou de grande communauté de communes.

Dépenses publiques et sociales
improductives de valeur pour la nation

Depuis le passage à l'euro, les dirigeants de l'État, les élus de la nation, les professeurs des grandes écoles de la république et les chefs de service public ne se préoccupent plus de l'équilibre des comptes publics. Les dépenses de l'État et des collectivités territoriales et les endettements publics et territoriaux ont crû chaque année malgré les engagements électoraux de réduction des déficits publics.

Pour réduire le surendettement public et rétablir la compétitivité nationale dans la concurrence internationale après la crise économique et financière de 2008, les partenaires sociaux auraient dû exiger une amélioration de la productivité publique et un alignement des droits sociaux des fonctionnaires et des salariés.

En 2019, les excès de dépenses publiques non finançables par les prélèvements sociaux sur le travail ou fiscaux sur la richesse créée étaient de l'ordre de 210 milliards d'euros/an :

- 70 milliards d'action publique décidée par les ministres et le parlement.
- 70 milliards de dépenses au profit de 5,5 millions d'élus de la nation, de fonctionnaires et d'agents de collectivité territoriale soit 12730 euros par agent du secteur public décidées par 2000 hauts fonctionnaires.

- 70 milliards de dépenses sociales au profit de 21,5 millions de salariés, chômeurs et demandeurs d'emploi, soit 3250 euros par agent du secteur marchand décidées par les partenaires sociaux.

L'excès de dépenses des agents publics par rapport aux agents privés s'élevait à 52 milliards et contribuait à la moitié de l'augmentation annuelle de la dette publique.

Après deux confinements, le cout de la crise sanitaire s'élève à 186 milliards d'euros dont 100 milliards de pertes de recettes de l'État et 86 milliards de mesures d'urgences plus 300 milliards de garanties publiques qui porteront le déficit à 11%. Le besoin de financement de l'État s'élève à 362 milliards et la dette publique à 120% du PIB en fin d'année. En 2020, les dépenses exceptionnelles contre la crise sanitaire, aides sociales à la population, soutien aux entreprises et plans de relance économique, ont triplé les excès de dépenses de l'action publique sans modifier l'excès de dépenses des agents publics par rapport aux agents privés qui reste le seul gisement de progrès économique exploitable immédiatement par les pouvoirs publics pour améliorer la compétitivité nationale et réduire l'endettement public.

Chapitre II

Management de la valeur dans l'entreprise

A/ Encadrement du travail des collaborateurs

B/ Amélioration continue de la performance économique

C/ Développement des compétences

D/ Management de la valeur dans les grandes entreprises

14

A/ Encadrement du travail des collaborateurs

Principes de management des collaborateurs

Principes de management de l'entreprise

Incitation à la performance individuelle et collective

Évolution des règles de rémunération

Modèle de management par objectifs

Outils de progrès de la performance économique

Principes de management des collaborateurs

L'ancien ingénieur a résumé un parcours d'éducation au management amorcé dans un laboratoire du CNRS ou il a encadré l'activité de quelques collaborateurs puis enrichi dans deux usines sidérurgiques ou il a managé des salariés dans des services et des départements de production. Responsable de l'université d'entreprise d'un groupe industriel international dans les années 2002/2005, l'ingénieur a coopéré avec le DRH d'une société Brésilienne formé aux pratiques managériales anglo-saxonnes pour formaliser les devoirs du cadre responsable d'un service et mettre en place un programme de formation des nouveaux cadres au management de la performance économique et au développement continu des compétences.

Le cadre est responsable du progrès économique dans le service. Avec l'entretien annuel et la reconnaissance de la performance, il doit inciter les salariés à améliorer le résultat de l'entreprise en expliquant aux collaborateurs comment améliorer la performance économique en réalisant chaque année des projets de progrès individuels ou collectifs.

Il doit alerter les salariés sur les méfaits économiques des politiques publiques qui dégradent la compétitivité des entreprises et le financement du modèle social.

Principes de management de l'entreprise

L'entreprise se développe selon deux axes, une amélioration continue de la compétitivité par une gestion rigoureuse des ressources financières, technologiques et humaines et une optimisation permanente du portefeuille d'activités par des acquisitions ou des cessions. Le développement durable implique une maîtrise des rejets dans son environnement et une rémunération équitable des acteurs de l'entreprise.

Le patron dirige l'entreprise, conçoit et met en œuvre la stratégie de développement. Il fixe les orientations stratégiques et les ambitions de performance après évaluation des gisements potentiels de progrès par comparaison aux concurrents les plus performants. Il optimise l'utilisation des ressources financières et technologiques à engager et mobilise les ressources humaines en fixant des objectifs de progrès au personnel. Il engage les démarches de compétitivité pour rétablir la performance économique de la société par restructuration ou transformation d'un établissement ou d'un service.

Pour atteindre les objectifs de la direction, les cadres réalisent des objectifs individuels annuels cohérents avec leurs compétences opérationnelles et encouragent leurs collaborateurs à réaliser des projets participatifs par un travail collectif en cercle de qualité.

Incitation à la performance individuelle et collective

La rémunération doit inciter aux actions de progrès pour la satisfaction des clients et le résultat opérationnel de l'entreprise.

Dans les années 1970, il y avait trois règles de rémunération, un poste de travail individuel, une négociation collective annuelle sur les rémunérations et une augmentation individuelle au mérite.

Les pratiques participatives sont apparues dans les années 1980 sans modifier les règles de rémunération. Les cadres déploient le progrès continu dans les ateliers et des primes reconnaissent la résolution des problèmes locaux par un travail collectif des salariés en cercle de qualité.

Dans les années 1990, un parcours minimum de compétences est garanti au salarié dans une carrière professionnelle pour inciter au développement du progrès continu et reconnaitre les contributions participatives.

Deux principes de management sont appliqués aux cadres, le management par objectifs et la rémunération de la performance individuelle.

Dans les années 2000, les cadres sont incités à réaliser des projets annuels de progrès et rémunérés en fonction de la performance individuelle à réaliser leurs objectifs annuels.

19

Modèle de management par objectifs

Le modèle de management fixe les objectifs collectifs de développement, annuels et pluriannuels, et la responsabilité des cadres. L'entreprise doit créer de la valeur en respectant les contraintes d'un développement durable. Ceci est traduit en objectifs de Satisfaction des clients, Sécurité du personnel, Résultat opérationnel, Image de l'entreprise. Le système de management doit déployer la stratégie de développement et assurer la compétitivité de l'entreprise évaluée suivant le portefeuille d'Activités, l'analyse d'Environnement, la stratégie Marketing et Ventes et les plans d'évolution à 1 et 3 ans, Budget et Investissements. Chaque année, la stratégie doit être actualisée par la direction générale et les nouvelles orientations intégrées dans les plans. Chaque axe stratégique doit conduire à des objectifs atteignables et vérifiables à réaliser par le manager et ses collaborateurs. Le résultat annuel est assuré par des projets et des actions dans les entités de production Département/ Service/ Atelier et de commercialisation Secteur de vente/ Marché/ Équipe. L'objectif de valeur à créer doit assurer les progrès de gestion assignés à l'entité dans le budget de l'établissement.

La responsabilité du cadre est de déployer la politique de l'entreprise en manageant ses collaborateurs avec l'entretien annuel et la reconnaissance de la performance individuelle.

Outils de progrès de la performance économique

La transformation est une réorganisation des processus pour maintenir l'efficacité économique en identifiant les activités les moins contributives au résultat et les rendements atteignables sur les processus de production après comparaison aux meilleurs concurrents identifiés. C'est atteindre en trois ans les objectifs industriels et commerciaux fixés par le patron.

La restructuration est une réorganisation des processus de production, distribution et vente pour améliorer l'efficacité économique. C'est viser un objectif d'économies de 20 à 40% suivant les processus concernés et réaliser une économie de 15 à 30% sur les dépenses en moins d'un an sans compromettre la livraison aux clients des produits/services.

Pour mobiliser sur les objectifs de l'entreprise, le dirigeant doit manager les cadres par projets créateurs de valeur.

Chaque année, le projet individuel le plus utile à l'entreprise doit être fixé à chaque cadre. Le projet est une réalisation supplémentaire dans la fonction améliorant un processus de production ou vente géré par l'intéressé avec un objectif de valeur correspondant à la rémunération annuelle du cadre.

Dans l'industrie, le cadre mobilise ses collaborateurs sur la résolution participative des problèmes affectant l'efficacité collective à raison de vingt cercles de qualité par an pour cent collaborateurs dans les ateliers et les services.

B/ Amélioration continue de la performance économique

Efficacité du management par objectifs de valeur

Entretien annuel et évaluation de la performance

Management de la valeur dans un groupe industriel

Évolution des rentabilités au début des années 2000

Efficacité du management par objectifs de valeur

Le management de la création de valeur a été développé au début des années 2000 dans des sociétés sidérurgiques européennes. Ce secteur d'activités peu consolidées souffrait d'une rentabilité cyclique liée aux fluctuations de la demande mondiale d'acier. Le management des cadres par projets a permis d'améliorer la marge opérationnelle, notamment en période de bas de cycle.

Avec un management par objectifs individuels, l'efficacité de l'entretien annuel est le premier challenge du manager et la première exigence du collaborateur.

Le projet doit être adapté aux compétences opérationnelles du cadre avec un objectif individuel de valeur à créer chaque année de l'ordre de grandeur de la rémunération annuelle.

L'augmentation des objectifs annuels de création de valeur du cadre suit le développement des compétences et conforte les évolutions souhaitées de responsabilité ou de mission.

Le potentiel de création collective de valeur des cadres par les projets de transformation des services est proportionnel à la masse salariale de l'encadrement avec une amélioration du résultat opérationnel de l'ordre de 2% du chiffre d'affaires.

La création participative de valeur des collaborateurs dans les ateliers à raison de vingt cercles de qualité par an pour cent personnes peut s'élever à 0.2% du chiffre d'affaires.

Entretien annuel et évaluation de la performance

Pour encadrer l'activité des collaborateurs et les mobiliser sur la performance économique, le manager utilise l'entretien annuel et la reconnaissance de performance.

Une préparation de l'entretien est nécessaire pour s'entendre avec le collaborateur sur l'évaluation de la performance, la fixation d'objectifs et le développement des missions :

➢ Le manager rappelle les objectifs, analyse le travail accompli et propose les éléments d'évaluation à faire accepter par le collaborateur.

➢ Pour fixer les futurs objectifs, il propose le projet le plus utile à l'entreprise en cohérence avec l'évaluation des compétences du collaborateur.

➢ Pour développer le champ des missions, il fait exprimer les souhaits d'évolution et présente les challenges à confier dans l'entité suivant l'évolution des compétences.

Pour reconnaître la performance du collaborateur, il transmet au DRH l'évaluation et les orientations de développement convenues au cours de l'entretien annuel. Pour améliorer la réalisation des projets de progrès, il suit l'avancement des travaux, apporte toute critique utile et répond à toute demande pertinente d'engagement de ressources nécessaires à la réalisation.

Management de la valeur dans un groupe industriel

Entre 2003 et 2005, le groupe industriel pris en exemple comportait une vingtaine de sociétés et grandes usines et 100000 salariés d'une dizaine de nationalités différentes dont 600 cadres dirigeants et 8000 cadres. Il réalisait un résultat opérationnel de 7 à 14% d'un chiffre d'affaires de l'ordre de 30 milliards d'euros.

Trois outils de management étaient utilisés :

- Processus budgétaire annuel fixant la contribution au résultat attendu des sociétés et des établissements
- Projets individuels annuels fixés aux cadres
- Incitation des salariés au travail participatif

Le management était déployé par le dirigeant avec un objectif collectif de contribution au résultat fixé et les démarches de restructuration (objectif de valeur de 4% du chiffre d'affaires à créer en 12 à 18 mois) ou transformation (objectif de 2% du chiffre d'affaires en 3 ans) pour rétablir la performance économique et la profitabilité des sociétés du groupe.

Dans chaque société, le dirigeant exécutif manageait la contribution au résultat des directeurs généraux, responsable de branche d'activité ou d'établissement. L'engagement des dirigeants comportait la réalisation de projets stratégiques et prévoyait une rémunération variable proportionnelle à la valeur ajoutée des projets réalisés.

Évolution des rentabilités au début des années 2000

Le début des années 2000 a vu une forte croissance des échanges internationaux provoquée par la demande chinoise en biens et services avec une amélioration importante de rentabilité pour la plupart des grandes entreprises qui affichaient en 2006 trois types de résultat net :

- 4 groupes bancaires et un groupe pharmaceutique maitrisaient leurs marchés et contrôlaient leurs marges avec un résultat net supérieur à 20% du chiffre d'affaires.

- 10 groupes opéraient sur des marchés plus concurrentiels dans les autres secteurs avec un résultat net inférieur à 20% du chiffre d'affaires.

- 25 groupes opéraient sur les marchés concurrentiels comme la sidérurgie, l'automobile, l'industrie pétrolière avec un résultat net inférieur à 10% du chiffre d'affaires.

La crise financière à l'automne 2008 a mis fin à une période faste avec des rentabilités durablement divisées par deux, trois ou quatre dans les entreprises opérant sur les marchés les plus concurrentiels. Dans les entreprises engagées dans une concurrence internationale, toutes les contributions potentielles du personnel au résultat ont été sollicitées par les patrons qui ont mobilisé les cadres sur le rétablissement de la performance économique des sociétés déficitaires par transformation ou restructuration.

C/ Développement des compétences

Compétences managériales du cadre

Formation des cadres à l'université d'entreprise

Transformation du cadre en manager

Compétences managériales du cadre

Deux compétences opérationnelles sont nécessaires pour manager un service :
- La compétence de Direction d'équipe pour encadrer l'activité des collaborateurs.
- La compétence de Management de projet intègre quatre compétences générales : Savoirs, Travail en équipe, Capacité d'innovation, Pensée stratégique, sur les métiers de l'entreprise avec une valeur ajoutée du projet à hauteur de la rémunération annuelle du cadre.

A l'embauche du cadre, la compétence en management de projet est limitée à la résolution de problèmes académiques. Après formation et réalisation de plusieurs projets d'importance croissante dans le service d'accueil, la capacité de création de valeur du cadre peut être améliorée jusqu'à hauteur de sa rémunération annuelle. Après formation de tout l'encadrement, l'objectif collectif de valeur ajoutée pourra représenter 2 à 3% du chiffre d'affaires.

La valeur ajoutée de 2% est importante pour une entreprise industrielle en améliorant le résultat opérationnel de 20% en haut de cycle et jusqu'à 50% en bas de cycle. Dans les entreprises de services techniques ou logistiques la valeur ajoutée potentielle ne dépasse pas 0.5% du chiffre d'affaires.

Formation des cadres à l'université d'entreprise

L'université d'entreprise formait les cadres au management des projets de progrès des services et des départements pour améliorer la performance économique de l'établissement et la compétitivité du groupe industriel.

Les nouveaux cadres embauchés dans les différentes sociétés étaient formés par groupe de 30 personnes avec un programme d'éducation au modèle de management par objectifs de l'entreprise :

➤ Les compétences étaient développées par un programme résidentiel d'une durée de quatre semaines sur une période de quatre mois pour le management de collaborateurs et la réalisation de projets de progrès.

➤ La formation était suivie de perfectionnements individuels dans le service du cadre avec réalisation de plusieurs projets de complexité croissante fixés par sa hiérarchie.

Avant d'assumer de nouvelles responsabilités, les cadres étaient formés au management des projets de l'entité à gérer service/ département/ établissement.

Les futurs cadres dirigeants d'une branche d'activités ou d'une usine étaient formés préalablement par groupe de 15 personnes au management de l'entité à gérer et aux démarches de compétitivité par transformation ou restructuration de service.

Transformation du cadre en manager

L'éducation au management de la valeur permet au nouveau cadre embauché dans l'entreprise de s'intégrer dans une nouvelle collectivité de travail en identifiant les devoirs de management du service et d'encadrement de la performance des collaborateurs.

Il prend conscience de l'importance des compétences nécessaires pour réaliser chaque année le projet le plus utile à l'entreprise en répartissant la valeur ajoutée au résultat opérationnel entre le financement des investissements de développement et une éventuelle part variable lorsque l'entreprise est suffisamment profitable.

Il utilise l'entretien annuel et la reconnaissance de la performance pour mobiliser ses collaborateurs sur la création de valeur par réalisation de projets individuels de progrès ou contribution à des projets participatifs.

Il explique aux représentants du personnel les évolutions du modèle de management par objectifs de l'entreprise et répond aux délégués syndicaux qui considèrent les pratiques participatives, travail en cercles de qualité, opérations de maintenance autonome, comme des actions supplémentaires dans le poste de travail à rémunérer.

D/ Management de la valeur dans la grande entreprise

Cadres à former au management de projets créateurs de valeur dans l'entreprise

Évaluation par la Cour des comptes des politiques publiques de développement de l'Entreprise France

Cadres à former au management
de projets créateurs de valeur dans l'entreprise

Après la crise de 2008, 40000 cadres dirigeants ou DRH de grande entreprise du secteur marchand ont développé les compétences des cadres à réaliser et faire réaliser par les collaborateurs des projets de progrès pour améliorer le rendement des processus de l'entreprise confrontée à une nouvelle donne économique.

Après 2020, 600000 cadres transforment ou restructurent les grandes entreprises affectées par la récession. Devant l'importance des marchés de travaux publics pour l'activité de leur entreprise, ils continueront à fermer les yeux sur les méfaits des politiques quinquennales ayant réduit la performance économique de la fonction publique, augmenté les prélèvements obligatoires et dégradé la compétitivité nationale chaque année depuis le passage à l'euro.

Dans les petites ou moyennes entreprises du secteur marchand, 3,4 millions de cadres ou petits patrons n'ont pas besoin de formation managériale pour convaincre les salariés de générer plus de valeur chaque année afin de pérenniser ou développer leur entreprise. Mais ils doivent informer leurs collaborateurs sur les méfaits des politiques publiques quinquennales qui augmentent le cout du travail et dégradent la compétitivité des entreprises.

Les cadres doivent expliquer à onze millions de salariés que la croissance des effectifs territoriaux employés dans des activités parapubliques de services techniques s'est faite au détriment des marchés de travaux publics qui auraient dû être passés à moindre cout pour la nation à des PME/TPE plus performantes que les services techniques de collectivité territoriale ou de municipalité.

Les conseillers référendaires à la Cour des comptes n'ont jamais évalué les méfaits économiques et sociaux des politiques publiques ni alerté les dirigeants publics sur la perte d'efficacité de l'action publique ni conseillé au DRH de la fonction publique d'employer les pratiques de management du secteur marchand pour rétablir l'efficacité de services publics maintenus en déshérence managériale depuis le passage à l'euro.

En 2021, la récession provoquée par la crise sanitaire forcera le président de la république, la ministre de la Transformation et de la Fonction publiques, le DRH de l'État et les présidents d'institution publique à rétablir la contribution économique des services publics et territoriaux à la compétitivité nationale. La ministre devra fixer les gisements de progrès économique à exploiter par 935000 cadres rémunérés par l'État au parlement, dans la fonction publique et les collectivités territoriales avec les pratiques des cadres du secteur marchand pour sortir plus vite de la récession et redresser les comptes publics.

Évaluation par la Cour des comptes des politiques publiques de développement de l'Entreprise France

Au 21ème siècle, des présidents de la république, des premiers ministres et des ministres de l'économie ont dégradé chaque année un peu plus l'efficacité de l'action publique et augmenté le cout de la fonction publique en accroissant l'inégalité des devoirs économiques et droits sociaux entre les agents de l'état et les salariés.

La Cour des comptes, chargée depuis 2008 d'évaluer les politiques publiques, contrôle leur déploiement sans évaluer les méfaits économiques et sociaux croissants du surendettement public. Pendant 12 ans, les conseillers référendaires auront respecté le devoir public de réserve sur des détournements de fonds publics au profit de la fonction publique et détriment de la collectivité nationale dans une république de plus en plus surendettée.

En 2015 après l'engagement de la France dans la Cop 21, la Cour des comptes n'a pas conseillé aux pouvoirs publics de réduire l'empreinte carbone exorbitante de la classe publique en exploitant les gisements de progrès économique de la fonction publique portants sur la rémunération élevée des cadres de l'État et la faible productivité des services publics.

En 2021 dans un pays plongé dans la récession et des entreprises confrontées à une nouvelle donne économique, la Cour des comptes doit évaluer l'efficacité des politiques nationales à réduire la dépense publique pour relancer l'économie marchande et stopper la croissance continue de l'endettement public. La haute fonction publique doit transformer la fonction publique d'État et restructurer la fonction publique territoriale. L'encadrement public doit employer les pratiques du progrès continu pour réduire le cout des services publics pour la nation en l'alignant sur celui des entreprises de services comparables du secteur marchand.

Chapitre III

Devoirs économiques des cadres
dans une république à désendetter

Évaluer les fautes publiques de gestion

Informer les salariés sur les efforts professionnels et sacrifices sociaux nécessaires pour améliorer la compétitivité de l'entreprise

Informer les représentants du personnel sur la baisse des impôts de production nécessaire à l'amélioration de compétitivité de l'entreprise

Évaluer les fautes publiques de gestion

Identifier les détournements gouvernementaux de fonds publics au détriment du développement économique :

- Financement par l'emprunt public des dépenses de fonctionnement de la fonction publique destructrices de valeur pour la nation
- Exemption du fonctionnaire du devoir national à générer du progrès continu dans le service public
- Comblement du déficit des régimes de retraite des entreprises publiques SNCF, RATP, par l'emprunt public
- Affectation du déficit budgétaire 2019 au financement des dépenses de la fonction publique (70% ?) et des marchés de travaux passés aux grandes entreprises (30% ?)

Évaluer l'ampleur des méfaits économiques et sociaux du surendettement public :

- Augmentation du cout du travail et perte de compétitivité des entreprises résultant des excès de prélèvements obligatoires et d'impôts de production

- Perte de croissance de la production intérieure et dégradation de la balance commerciale
- Corrélation entre les sureffectifs publics et le chômage de masse dans le secteur marchand
- Inégalité croissante des devoirs professionnels et droits sociaux des cadres de l'État et des cadres de grande entreprise

Évaluer l'ampleur des gisements nationaux de progrès des établissements de l'État et des services publics :

- Montant des rémunérations indues aux cadres de l'État pour destruction annuelle de valeur au détriment de la collectivité nationale
- Ampleur des sureffectifs publics à réduire par restructuration des services de l'État et des collectivités territoriales
- Volume des marchés de travaux publics à passer à des PME/TPE plus performantes que les services techniques territoriaux

Informer les salariés sur les efforts professionnels et sacrifices sociaux nécessaires pour améliorer la compétitivité de l'entreprise

Les cadres savent que tout progrès social dans l'entreprise sans progrès économique préalable comporte un risque ultérieur de dégradation du résultat et la nécessité d'améliorer la productivité pour corriger l'augmentation des couts du travail. Depuis la première crise de l'énergie en 1974, les entreprises industrielles ont été confrontées à un ciseau permanent d'évolution défavorable des couts de production et des prix de vente amenant les patrons à réduire chaque année les dépenses de fonctionnement en budgétant un excédent de 2% pour maintenir la compétitivité de l'entreprise quels que soient les aléas de la conjoncture commerciale. A l'inverse des patrons, les pouvoirs publics programment un déficit budgétaire systématique à hauteur de l'inflation et corrigeaient l'excès annuel de dépenses publiques par la Banque de France en jouant sur la parité du Franc.

Depuis l'adoption de l'euro, les dirigeants de l'état ont accru l'endettement public pour financer les politiques sociales sans contrepartie de croissance de la production intérieure brute ou d'amélioration de la balance commerciale. Les politiques de création d'emploi par réduction de la durée du travail ont trompé les citoyens en générant du chômage et une régression économique continue.

Les sureffectifs publics ont augmenté la masse salariale de l'état et dégradé la performance économique collective des fonctionnaires.

Depuis la crise de 2008, tous les cadres du secteur marchand savent que la pérennité et le développement de leur entreprise impliquent de nouveaux efforts professionnels et des sacrifices sociaux accrus. Avec le patron, les cadres et les salariés participent à une démarche collective de progrès économique continu. Les cadres réalisent chaque année des projets de progrès industriel ou commercial augmentant la production, les ventes et le résultat en période faste et réduisant la production et les dépenses de fonctionnement en période de crise. Ils incitent les salariés à réaliser des projets participatifs de progrès dans les ateliers et les bureaux.

Informer les représentants du personnel sur la baisse des impôts de production nécessaire à l'amélioration de compétitivité de l'entreprise

Depuis le passage à l'euro, les dirigeants de l'État, les élus de la nation, les hauts fonctionnaires, les professeurs à l'ENA et Science Po. et les chefs de service public ne se préoccupent plus de l'efficacité de l'action publique au service de la collectivité ou de l'équilibre des comptes publics. Les dépenses de l'état et des collectivités territoriales et les endettements public et territoriaux ont crû sans cesse malgré les engagements électoraux de réduction du déficit public.

Pour stopper la croissance continue de la dette publique en 2019, les managers du secteur marchand estimaient que l'excès de dépenses par agent public aurait dû être ramené au niveau de l'excès de dépenses par agent privé en réduisant de 50 milliards la masse salariale de l'État et l'endettement public annuel.

Les cadres doivent alerter les représentants du personnel et les délégués syndicaux sur les dérives quinquennales de gestion des fonds publics ayant dégradé la compétitivité nationale depuis le passage à l'euro. Les politiques nationales de déficit budgétaire financé par le surendettement public ont réduit l'efficacité d'une fonction publique de plus en plus couteuse pour la nation et provoqué un chômage de masse dans le secteur marchand.

La fracture sociale a été creusée entre une classe publique de plus en plus nombreuse et un nombre équivalent de chômeurs et de demandeurs d'emploi. Les refus gouvernementaux et syndicaux de généraliser les pratiques de progrès continu dans la fonction publique ont dégradé chaque année un peu plus la performance économique des services de l'État et des collectivités territoriales et réduit la contribution publique à la compétitivité nationale.

Dans la société civile, les cadres doivent informer les citoyens sur les gisements publics de progrès à exploiter et les couts de fonctionnement des services publics à réduire pour baisser les impôts de production et améliorer la compétitivité des entreprises.

L'auteur a décrit les pratiques managériales anglo-saxonnes nécessaires pour restaurer les contributions de l'action publique et de la fonction publique à la compétitivité nationale.

Il a vainement alerté deux présidents de la république et un premier président de la Cour des comptes puis témoigné au grand débat national en demandant aux ministres de dire la vérité aux citoyens sur les économies publiques nécessaires pour réduire le cout des salaires et retraites des fonctionnaires et des élus de la république afin de baisser les prélèvements obligatoires et améliorer la compétitivité de l'économie marchande (6).

Chapitre IV

Compétences managériales requises des cadres rémunérés par un État Européen à désendetter

Informer les citoyens sur les luttes républicaines à mener contre la récession économique et l'activisme terroriste sur le territoire national

Exploiter les gisements de progrès des services de l'État et réduire les impôts de production

Développer les compétences managériales pour rétablir les contributions publiques à la compétitivité nationale

**Informer les citoyens sur les luttes républicaines
à mener contre la récession économique
et l'activisme terroriste sur le territoire national**

Le Chef de l'État n'a pas informé les fonctionnaires sur les fautes nationales de gestion des fonds publics qui ont entretenu une régression économique permanente et aggravé la récession au déclenchement de la crise sanitaire. Il a symboliquement condamné la destruction annuelle de valeur des politiques publiques en « supprimant l'ENA » et les rémunérations publiques exorbitantes en renonçant à la retraite spéciale des anciens présidents de la république pour réduire une dépense future de la nation et un endettement public de 75000 euros/an après 2022.

Mais il n'a pas dit la vérité aux citoyens sur les manquements financiers aux engagements Européens de la France qui ont dégradé la compétitivité nationale et porté l'endettement public continu à 100 milliards/an en 2019 dont la moitié pour financer la masse salariale exorbitante de l'État.

Après le grand débat national, il n'a pas tenu compte des préconisations managériales de rétablissement de la performance économique de la fonction publique et réduction des impôts de production pour soutenir la compétitivité nationale sans augmenter l'impôt des particuliers (5).

En 2021, il doit informer les nouveaux citoyens sur les efforts professionnels et sacrifices sociaux à consentir par tous les adultes pour sortir de la récession économique en rétablissant un service civique des jeunes à leur majorité.

Semaine d'éducation civique des jeunes adultes

J1 : Union républicaine contre le terrorisme et l'activisme terroriste

J2 : Excès de dépenses nationales et d'endettement public à réduire

J3 : Devoir économique du salarié dans l'entreprise

J4 : Égalité des droits sociaux des salariés et des fonctionnaires

J5 : Union nationale contre la régression économique

Les nouveaux citoyens éduqués devront informer leurs parents sur les luttes professionnelles à mener par les adultes pour reconstruire l'économie nationale et les combats des pouvoirs publics contre l'activisme terroriste pour protéger la population civile contre les attentats.

Les fonctionnaires devront être informés sur les responsabilités de l'armée, la gendarmerie, la police et la justice dans la lutte républicaine contre l'activisme terroriste et les devoirs de la fonction publique dans la lutte nationale contre la récession économique et le surendettement public par un service civique obligatoire de cinq semaines à rétablir à l'entrée dans la fonction publique.

Exploiter les gisements de progrès des services de l'État et réduire les impôts de production

Au 21ème siècle, l'incompétence économique et l'irresponsabilité nationale de 4 présidents de la république, 8 premiers ministres, 12 ministres de l'économie et d'un président de la Cour des comptes ont dégradé chaque année un peu plus le cout des services publics pour la nation en refusant d'imposer le progrès continu dans la fonction publique et d'aligner les devoirs économiques et droits sociaux des agents de l'état et des salariés.

Depuis la crise de 2008, tous les patrons font face à une dégradation de la profitabilité des entreprises et doivent négocier avec les organisations syndicales des accords plus favorables à la survie ou au développement de l'entreprise. En période de croissance, ils exploitent la valeur ajoutée des projets stratégiques, industriels, commerciaux des cadres et des projets participatifs des salariés mais en période de crise ils doivent restructurer les entreprises et faire réduire les dépenses de fonctionnement par les cadres.

En 2021, la Cour des comptes devra identifier les gisements publics de progrès à exploiter pour réduire l'empreinte carbone de la fonction publique et le DRH de l'État devra planifier une amélioration annuelle de la performance économique dans l'administration et la fonction publique.

Dans la fonction publique d'état, 200000 emplois devront être réduits en dix ans sans remplacer les départs en retraite. Dans la fonction publique territoriale, 600000 emplois pourront être externalisés et une masse salariale de 30 milliards supprimée par une privatisation partielle des services techniques et 24 milliards de marchés de travaux publics affectés à des PME/TPE plus performantes dans la distribution à moindre cout des prestations essentielles aux administrés. L'alignement des droits sociaux des fonctionnaires et des salariés pourra réduire à moyen ou long terme la masse salariale de l'État de l'ordre de 30 milliards.

Le gisement total de progrès des cadres de l'État évalué par les managers du secteur marchand est équivalent aux impôts de production, 75 milliards, avec une moitié exploitable durant un quinquennat et l'autre moitié à plus ou moins long terme.

Pour lutter contre la récession, la ministre de la fonction publique devra engager trois réformes stratégiques intégrant les « 25 réformes prioritaires déjà suivies sur le territoire avec le baromètre de transformation de l'action publique ».

Pour rétablir la contribution publique à la compétitivité nationale, le DRH de l'État devra imposer à la fonction publique un modèle de gestion par objectifs et aux cadres la réalisation annuelle des projets stratégiques réduisant la masse salariale financée par l'endettement public.

Développer les compétences managériales
pour rétablir les contributions publiques
à la compétitivité nationale

Il faut réformer la haute fonction publique et développer les compétences managériales de l'encadrement public pour restaurer la performance économique des services publics et réduire l'endettement public. Il faut transformer l'ENA en Université d'Entreprises du Service Public et former les cadres de l'État Français aux pratiques managériales des cadres de l'État Allemand.

Expertise économique requise des dirigeants de l'État

Celle du nouveau président de la Cour des comptes, ancien ministre d'une économie nationale en régression, pour évaluer la cohérence du futur programme 2022/2027 censé réduire la dépense publique afin de relancer l'économie marchande et celles des conseillers référendaires devant contrôler, auditer et évaluer chaque année les futures politiques d'excédent budgétaire pour réduire progressivement l'endettement public annuel.

Celle des futurs élus de la nation 2022 devant siéger au parlement et légiférer sur l'alignement républicain des devoirs économiques et droits sociaux des fonctionnaires et des salariés afin de financer le modèle social national et réduire l'endettement public.

Compétences requises des cadres de l'État

Après l'éducation civique et militaire obligatoire à l'entrée dans la fonction publique, les nouveaux cadres devront apprendre à manager la performance économique collective des fonctionnaires. Avant d'assumer les responsabilités de chef de service, directeur d'établissement, président d'institution, ils devront développer leurs compétences avec des programmes de formation à la réalisation des projets de progrès de l'entité à gérer service/ établissement/ institution.

Le chef de service fixe les projets de progrès économique à réaliser par les fonctionnaires pour améliorer la qualité des prestations aux usagers et réduire le cout pour la nation.

Le directeur d'établissement fixe les objectifs annuels de progrès des différents services pour améliorer la qualité des prestations publiques et réduire les couts de fonctionnement.

Le haut fonctionnaire, président d'institution publique, engage les démarches de productivité du personnel par transformation ou restructuration des services.

En 2021, les meilleurs directeurs d'établissement devront être sélectionnés puis acquérir l'expertise et les compétences managériales requises du haut fonctionnaire pour sortir le pays de la récession économique et désendetter la république.

Chapitre V

Efforts professionnels et sacrifices sociaux des cadres pour réduire la masse salariale de l'État afin de rétablir la compétitivité nationale et financer le modèle social

Les cadres de l'État doivent rétablir la performance économique de la fonction publique pour financer le modèle social des fonctionnaires

Les cadres de l'État doivent renoncer aux rémunérations indues pour destruction de valeur au détriment de la nation

**Les cadres de l'État doivent rétablir
la performance économique de la fonction publique
pour financer le modèle social des fonctionnaires**

Le président de la république 2022/2027 devra :

➢ Déclarer d'obligation nationale le progrès continu et le modèle public de management par objectifs de progrès.

➢ Instaurer un service national d'instruction des cadres de l'État aux devoirs économiques pour sortir le pays de la récession et réduire l'endettement public.

➢ Instaurer une semaine d'éducation civique des jeunes pour informer les nouveaux citoyens sur les luttes nationales à mener contre la récession et le terrorisme.

Le gouverneur de la Banque de France devra fixer le montant de l'excédent budgétaire à affecter à la réduction annuelle de l'endettement public pour maintenir la compétitivité nationale.

Le Haut-Commissaire au Plan devra évaluer l'intérêt national et les enjeux économiques et financiers d'une externalisation des services techniques de collectivité territoriale.

Le président du Haut Conseil des Finances Publiques et de la Cour des comptes devra évaluer le programme présidentiel 2022/2027 d'exploitation des gisements de progrès de l'État pour redresser les comptes publics et reconstruire l'économie nationale afin de réduire le risque de faillite publique.

Le DRH de l'État devra :

➢ Aligner les devoirs économiques et droits sociaux des cadres de l'État et du secteur marchand pour améliorer la contribution publique à la compétitivité nationale.

➢ Baisser les rémunérations de l'encadrement public et conditionner toute augmentation future à une réduction de l'endettement public.

➢ Faire externaliser une partie des services techniques de collectivité territoriale peu productifs pour réduire le cout pour la nation des prestations publiques.

➢ Aligner les droits sociaux des agents de l'État sur ceux des salariés pour éviter la faillite publique.

Les présidents d'institution publique ou de collectivité territoriale devront engager les démarches de restructuration ou transformation des établissements, départements, services publics ou territoriaux afin de rétablir la contribution de la fonction publique à la compétitivité nationale.

Les chefs de service devront améliorer chaque année la performance économique des établissements publics et soutenir les efforts professionnels des cadres du secteur marchand pour reconstruire l'économie marchande et réduire l'endettement public.

Les cadres de l'État doivent renoncer aux rémunérations indues pour destruction de valeur au détriment de la nation

Pour réduire les prélèvements obligatoires ayant augmenté le cout du travail, réduit la croissance annuelle de l'économie nationale et entretenu un chômage de masse dans le secteur marchand, les patrons et les cadres dirigeants des grandes entreprises devront engager une action de groupe contre les rémunérations indues aux cadres de l'État pour destruction continue de valeur au détriment de la collectivité nationale. Les cadres du secteur marchand jugent illégales les rémunérations publiques financées par l'endettement public dans une république à désendetter. Ils attendent une réparation nationale des dommages causés aux entreprises et au financement du modèle social par les politiques publiques avec une réduction de la masse salariale de l'État destructrice de valeur pour la collectivité. En 2021, les cadres dirigeants de grande entreprise devront saisir le conseil d'État pour obtenir réparation des fautes publiques de gestion des affaires nationales et obliger le DRH de l'État à baisser les rémunérations des hauts fonctionnaires, des chefs de service public, des présidents de collectivité territoriale en conditionnant toute future augmentation à une réduction annuelle de la dette publique supérieure à 1% du PIB.

Rappel de la contribution au grand débat national suggérant une réparation financière publique avec une réduction démocratique de 10% de la masse salariale de l'encadrement public soit de l'ordre de 8 milliards.

Pour sanctionner symboliquement le refus constant des dirigeants publics et des hauts fonctionnaires de manager la performance économique de la fonction publique depuis le passage à l'euro, le DRH de l'État doit proposer une baisse républicaine de l'ordre de 14 milliards de la masse salariale de l'encadrement public en hiérarchisant les contributions aux économies publiques à demander aux cadres, aux cadres dirigeants de la fonction publique et aux dirigeants d'un État Européen à désendetter :

➢ Baisse de 10% des rémunérations annuelles des chefs de service public et des présidents de collectivité territoriale.

➢ Baisse de 20% des rémunérations annuelles des hauts fonctionnaires.

➢ Baisse de 40% des rémunérations annuelles du président de la république, des ministres et des élus de la nation.

59

Références bibliographiques

(1) - Conseils aux managers des affaires publiques
      72 p de Jean Pierre Motte
      ISBN : 978-2-9546808-0-4 Novembre 2013
(2) - Appel au DRH et aux cadres de la fonction publique
      40 p de Jean Pierre Motte
      ISBN : 978-2-9546808-4-2 Juillet 2014
(3) - Collection "Pratiques managériales républicaines"
      Tome III - À l'action, cadres !
      80 p de Jean Pierre Motte
      ISBN : 978-2-322-16580-3 Novembre 2018
(4) - À l'action républicaine, citoyens !
      40 p de Jean Pierre Motte
      ISBN : 978-2-322-09189-8 Mars 2019
(5) - À l'action républicaine, fonctionnaires !
      52 p de Jean Pierre Motte
      ISBN : 978-2-322-18643-3 Octobre 2019
(6) - À l'interpellation républicaine, citoyen !
      32 p de Jean Pierre Motte
      ISBN : 978-2-322-20810-4 Avril 2020
(7) - Cadres, engagez le fer contre les politiques de surendettement public !
      68 p de Jean Pierre Motte
      ISBN : 978-2-322-19846-7 Février 2021
(8) Courrier du Président de la Cour des comptes en page soixante

KCC D2100671 KZZ
04/05/2021

 Cour des comptes

Le Premier président

Paris, le - 4 MAI 2021

Monsieur,

J'ai bien reçu votre courrier du mois d'avril et l'ouvrage qui l'accompagnait sur les politiques de surendettement public.

Je vous remercie chaleureusement de cet envoi et de la confiance que vous témoignez ainsi à la Cour des comptes.

Je vous prie d'agréer, Monsieur, l'expression de mes salutations distinguées.

Pierre Moscovici

Monsieur Jean-Pierre Motte

13, rue Cambon • 75100 PARIS CEDEX 01 • T +33 1 42 98 95 00 • www.ccomptes.fr